THIS BOOK BELONGS TO:
_____

AGE:
_____

DATE:
___/___/_____

COPYRIGHT 2023
HANDBALL COLORING BOOK
AUTHOR/ILLUSTRATOR:
IGOR ANIC

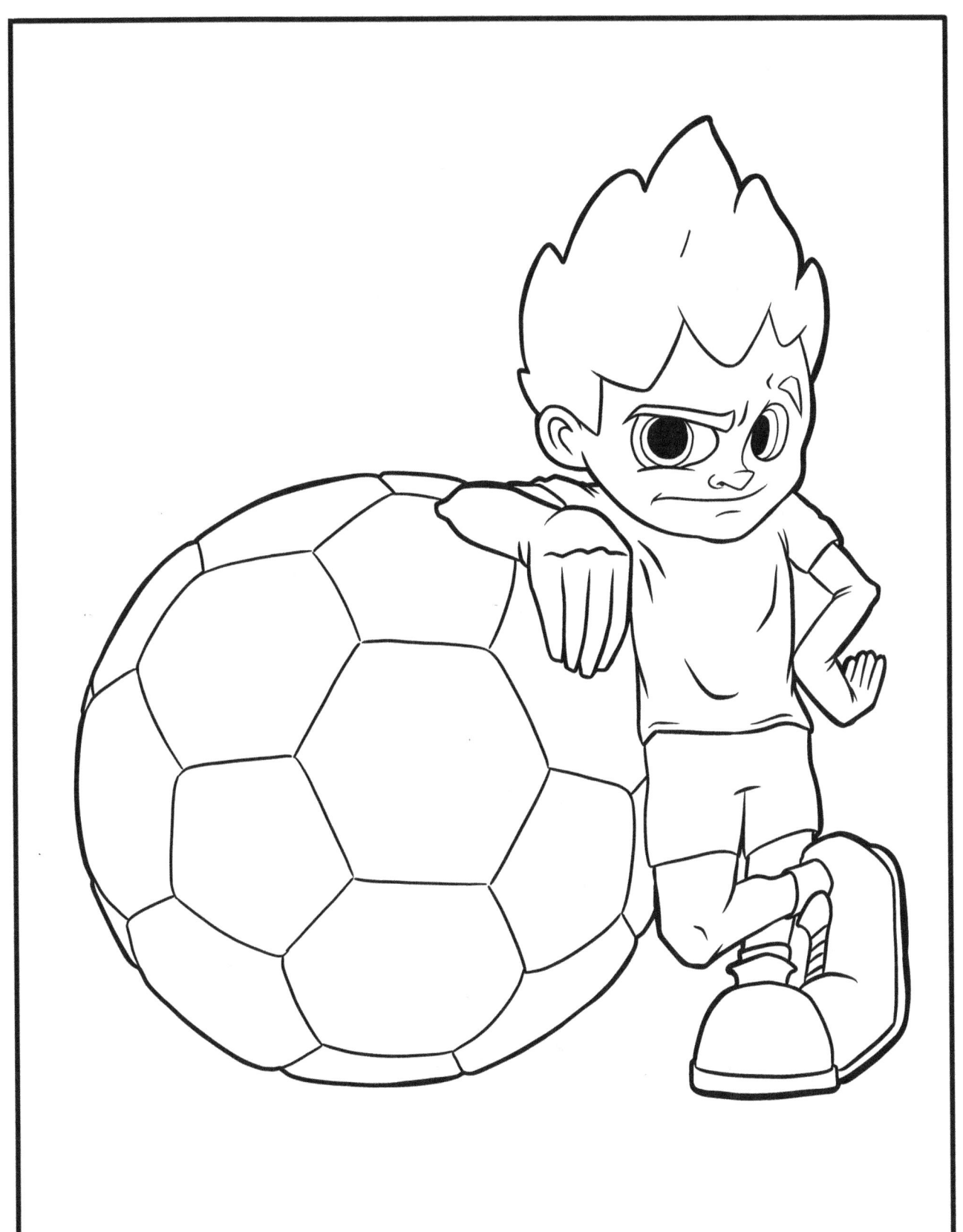

DATE:

___/___/_____

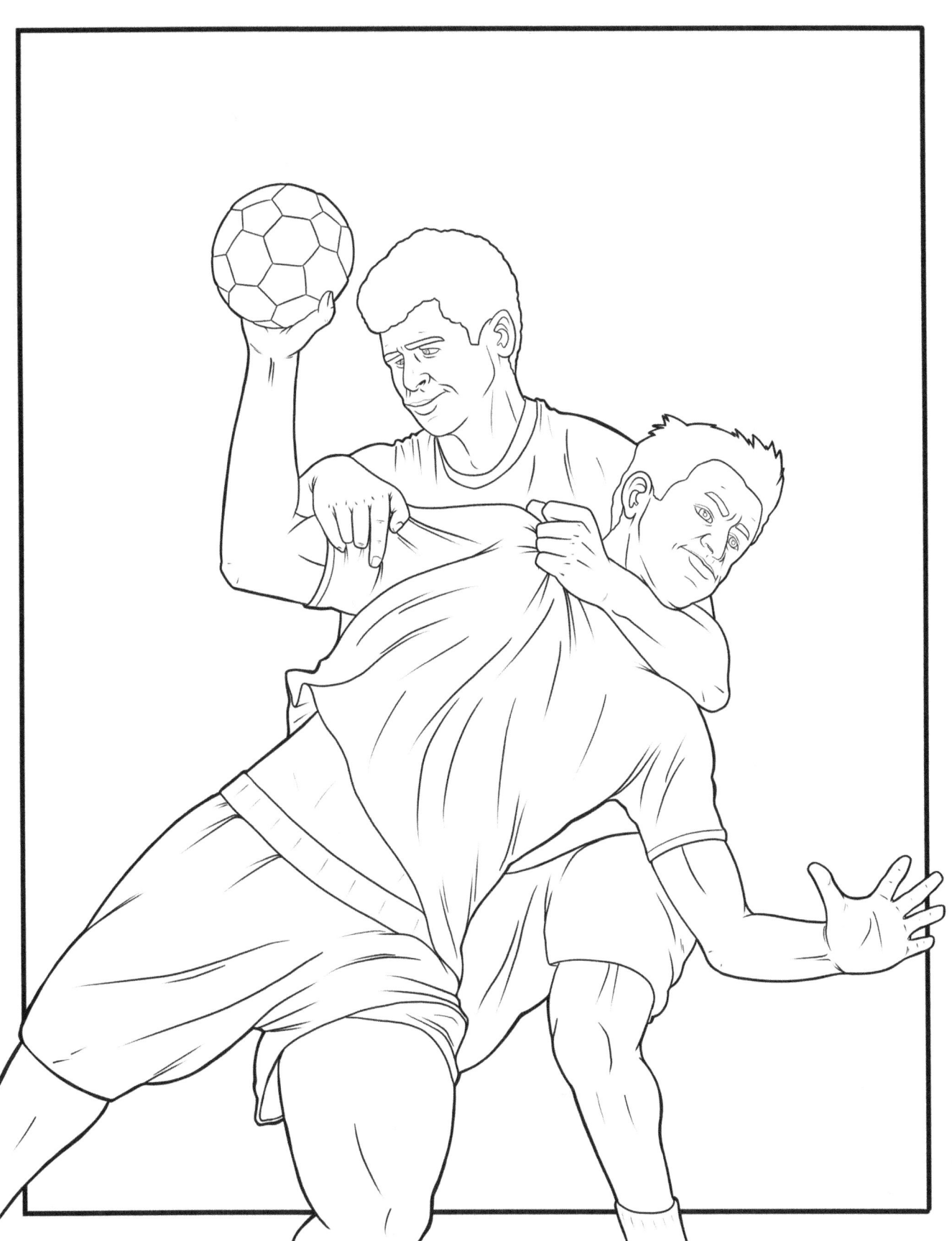

DATE:

___/___/_____

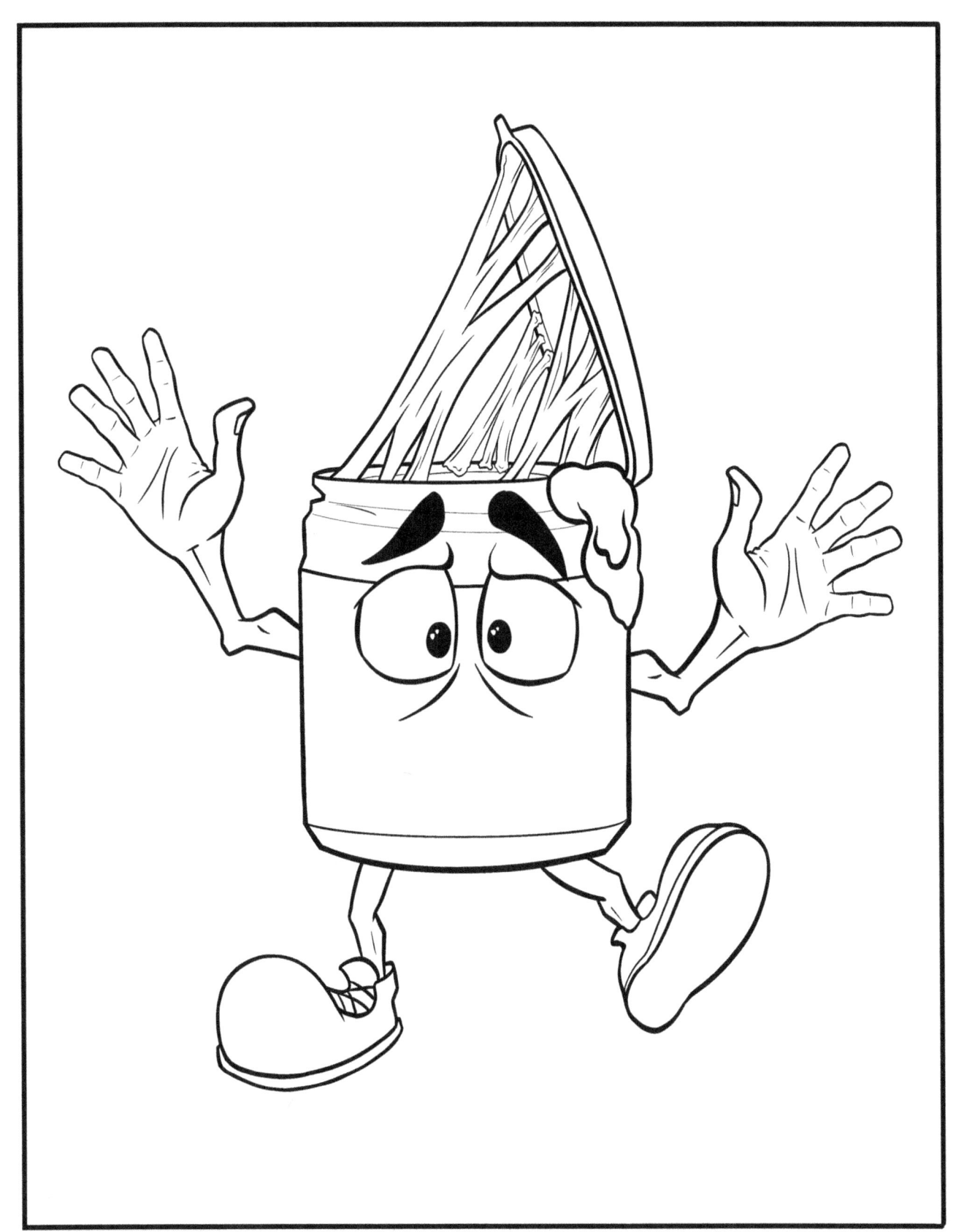

DATE:

___/___/_____

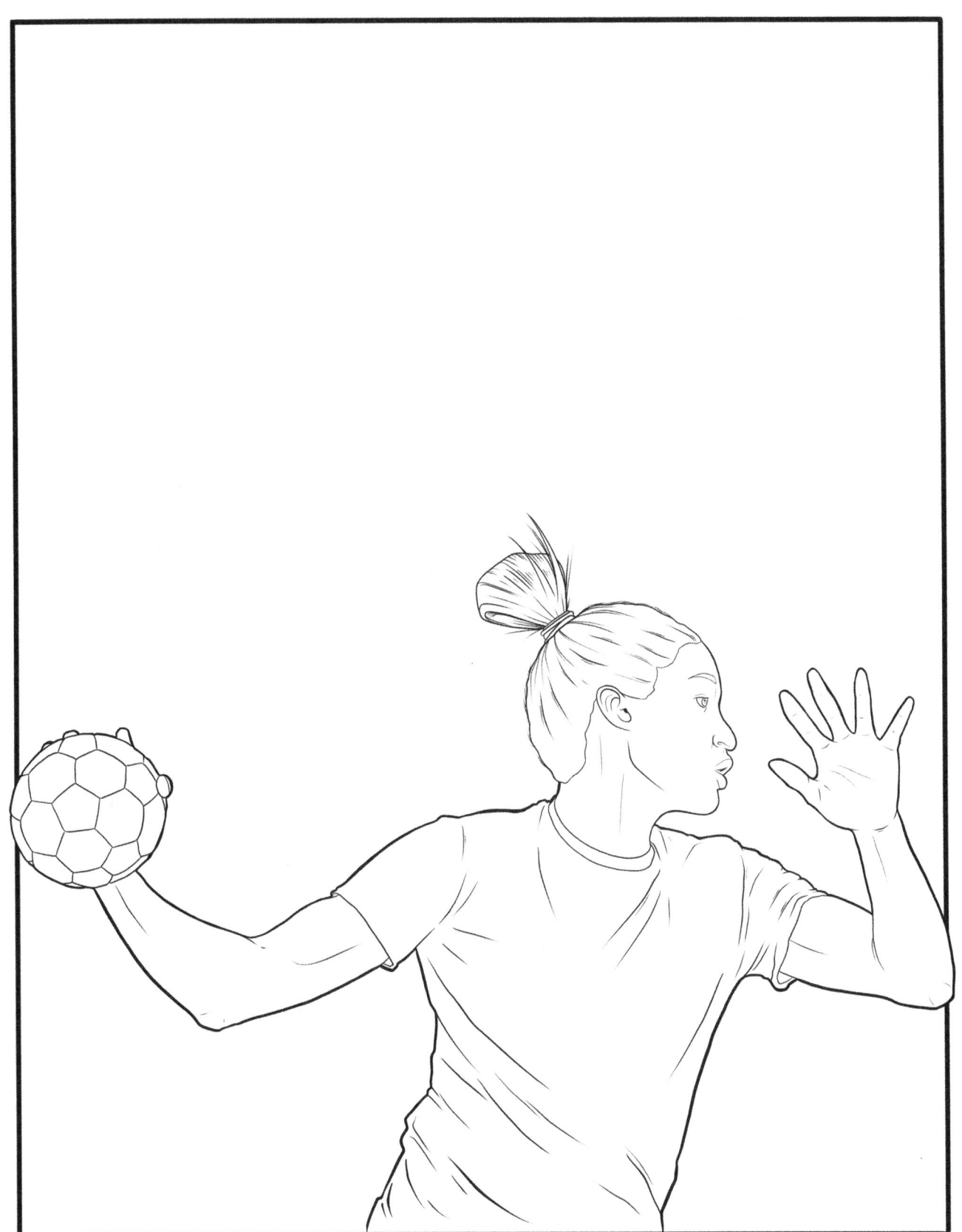

DATE:

___/___/_____

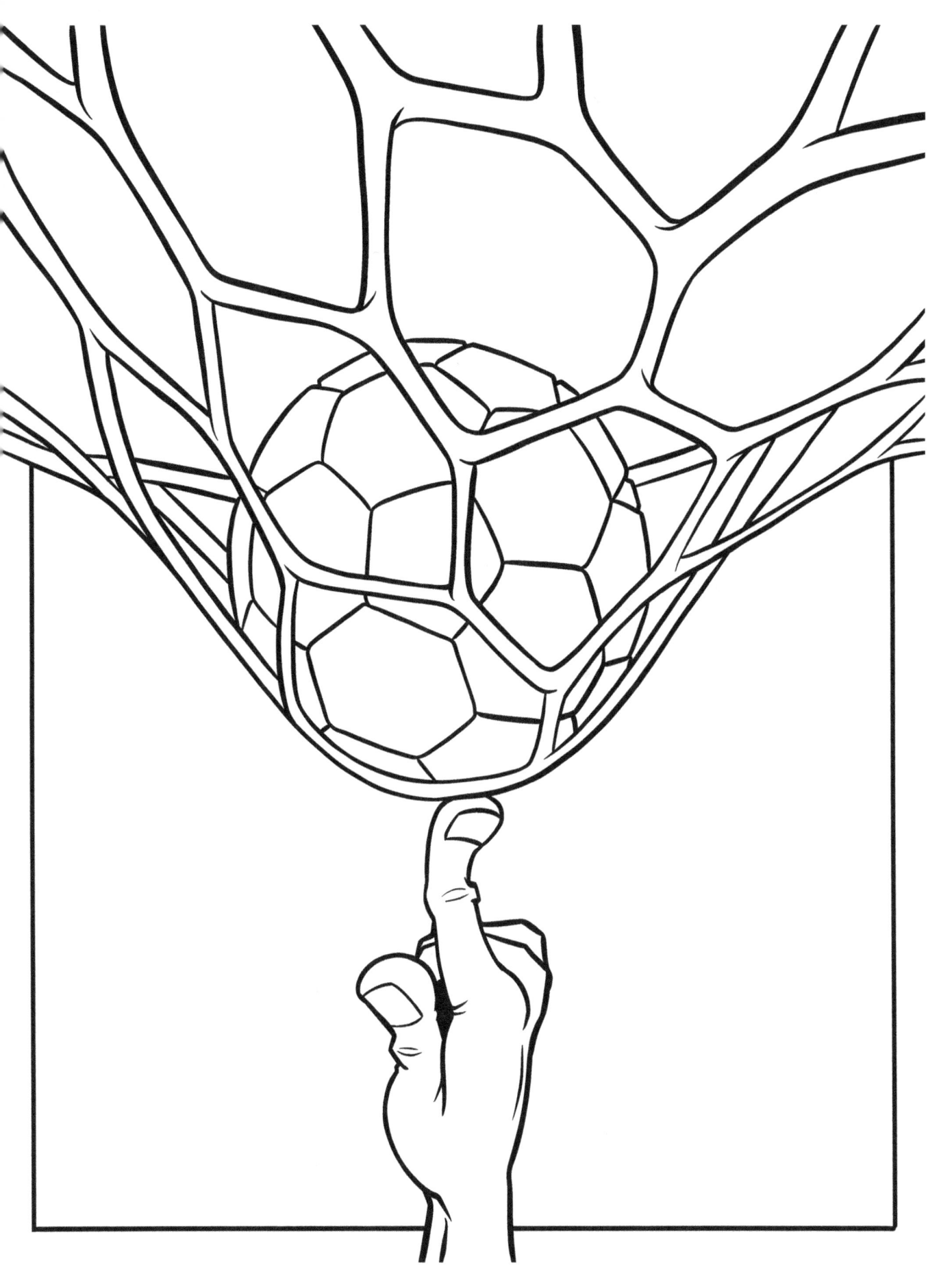

DATE:

___/___/_____

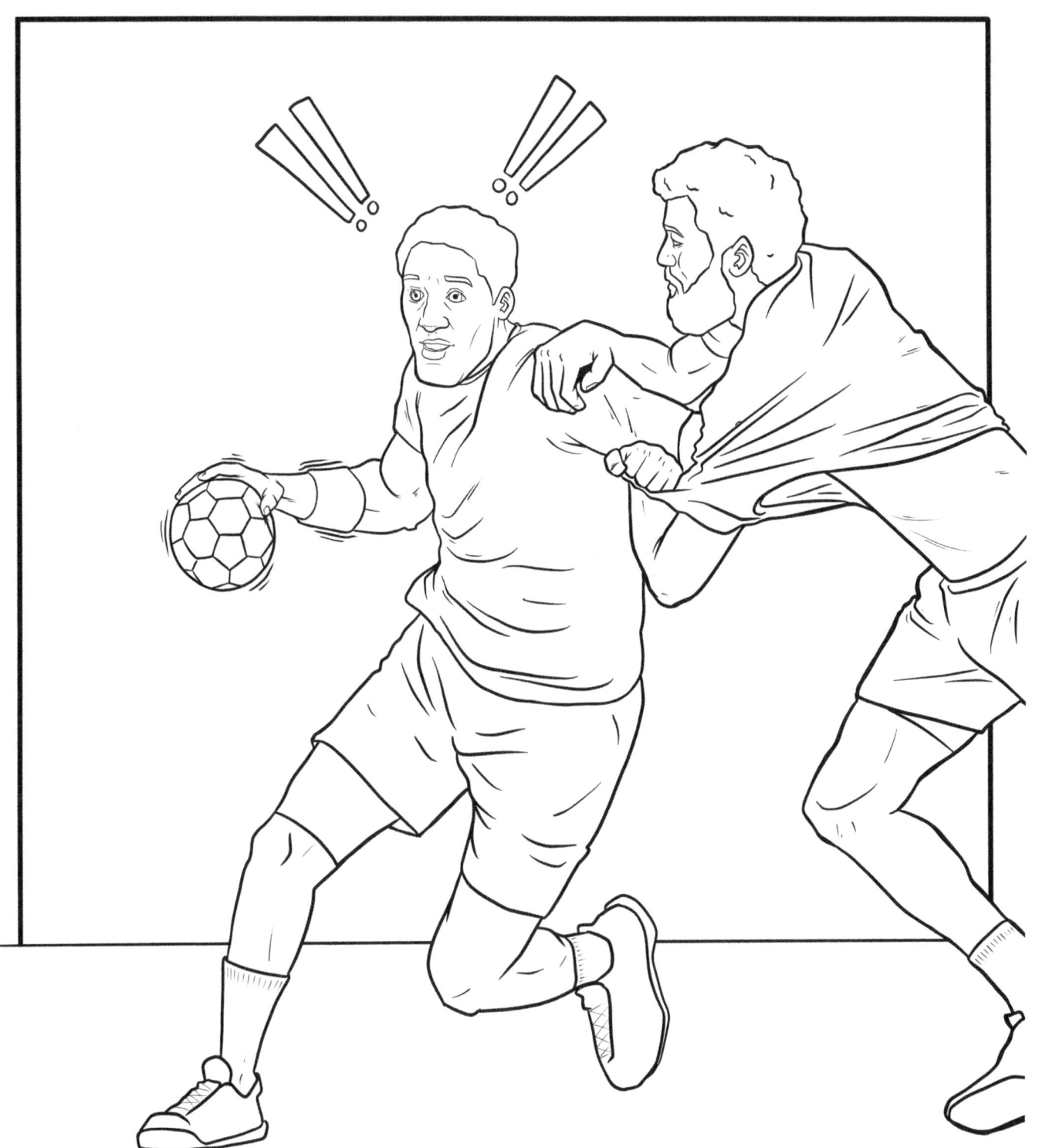

DATE:
___/___/_____

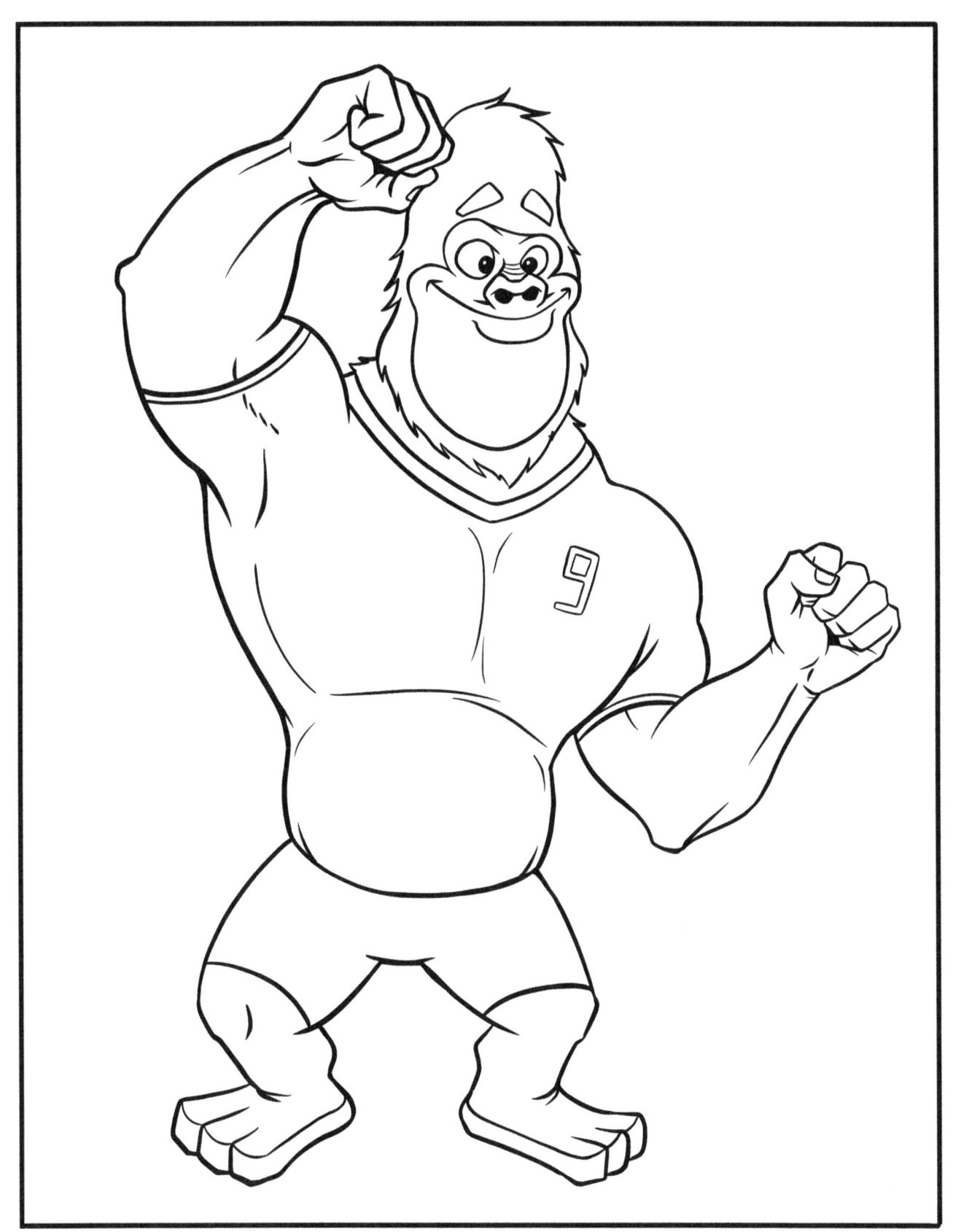

DATE:
___/___/_____

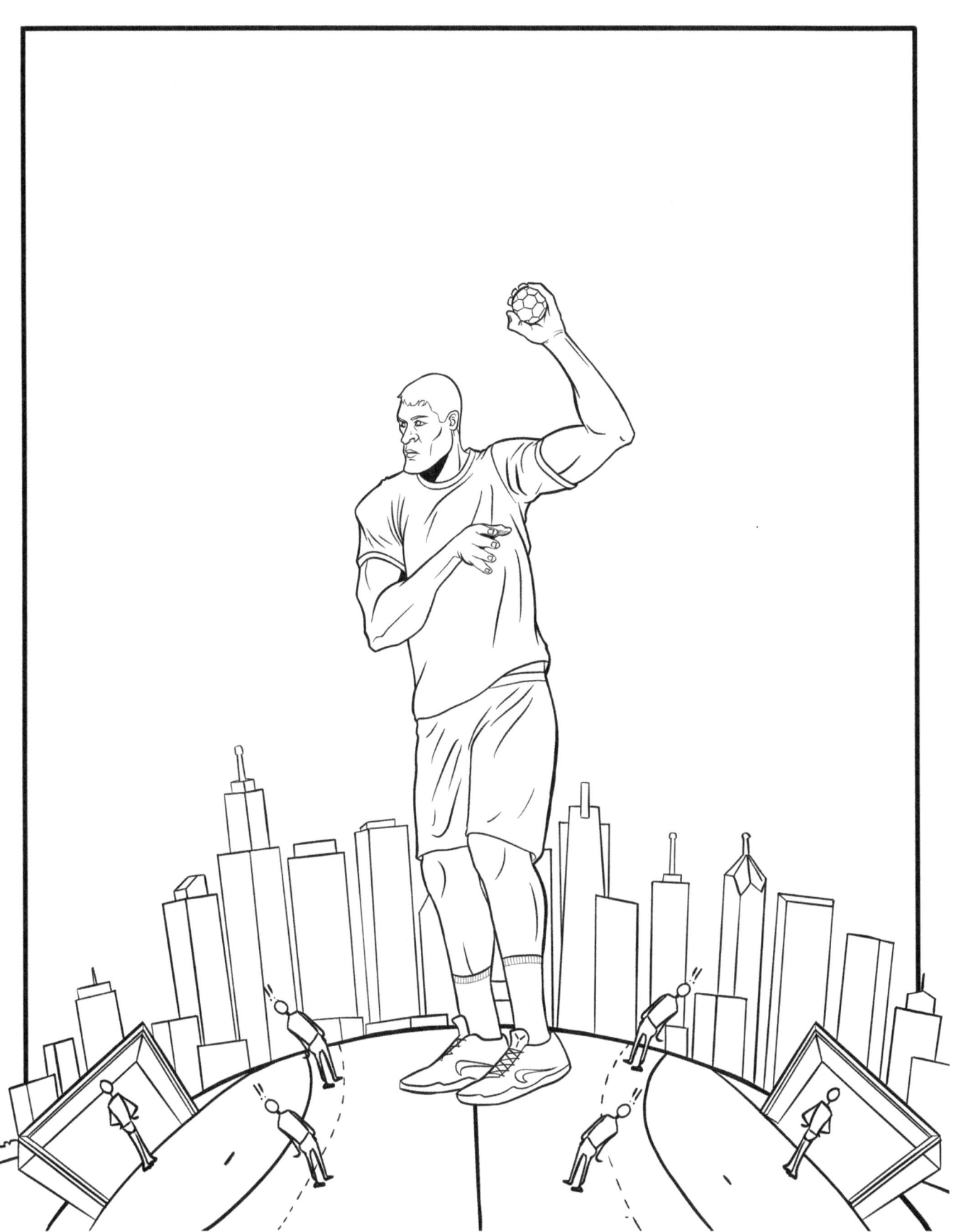

DATE:

___/___/_____

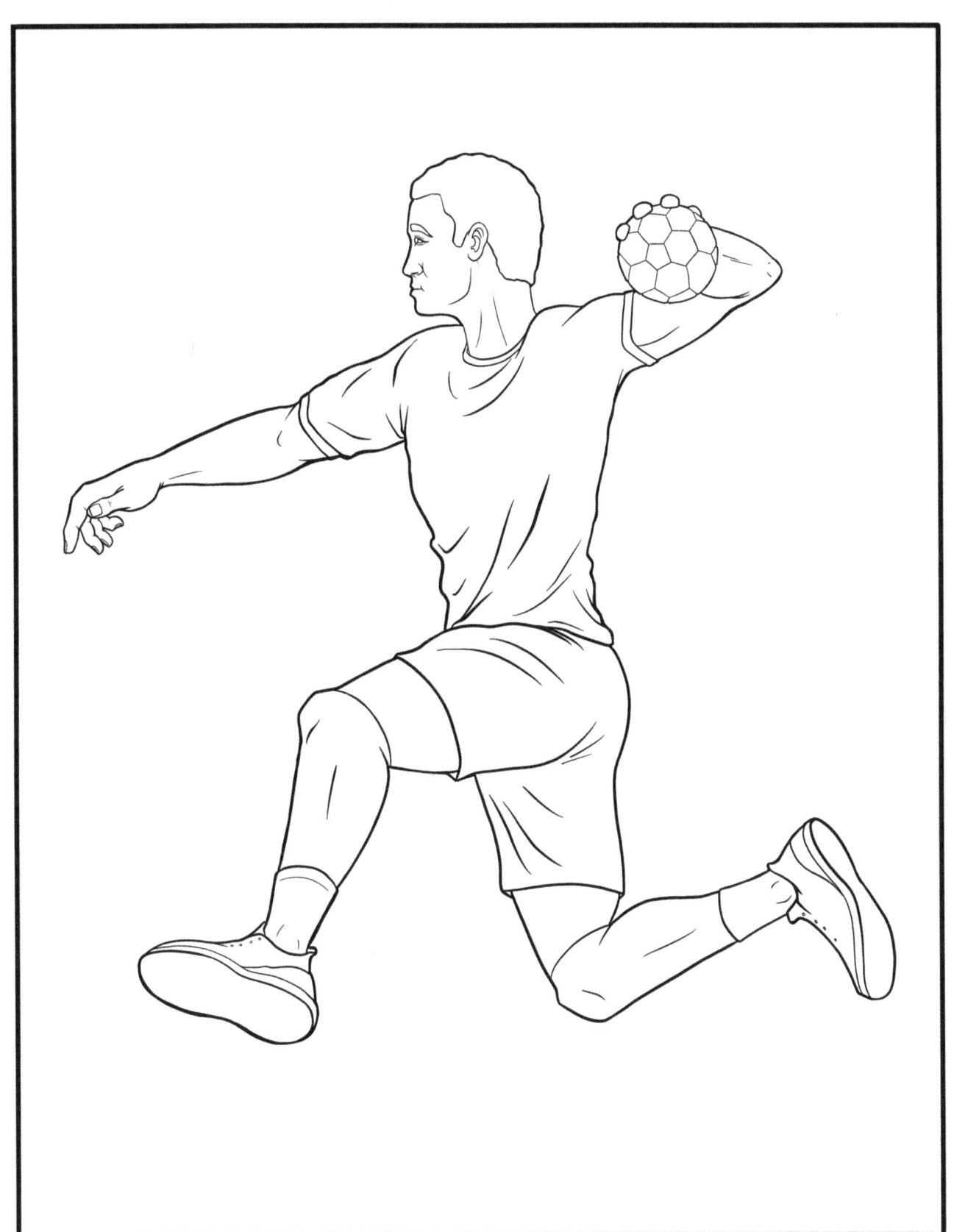

DATE:

___/___/_____

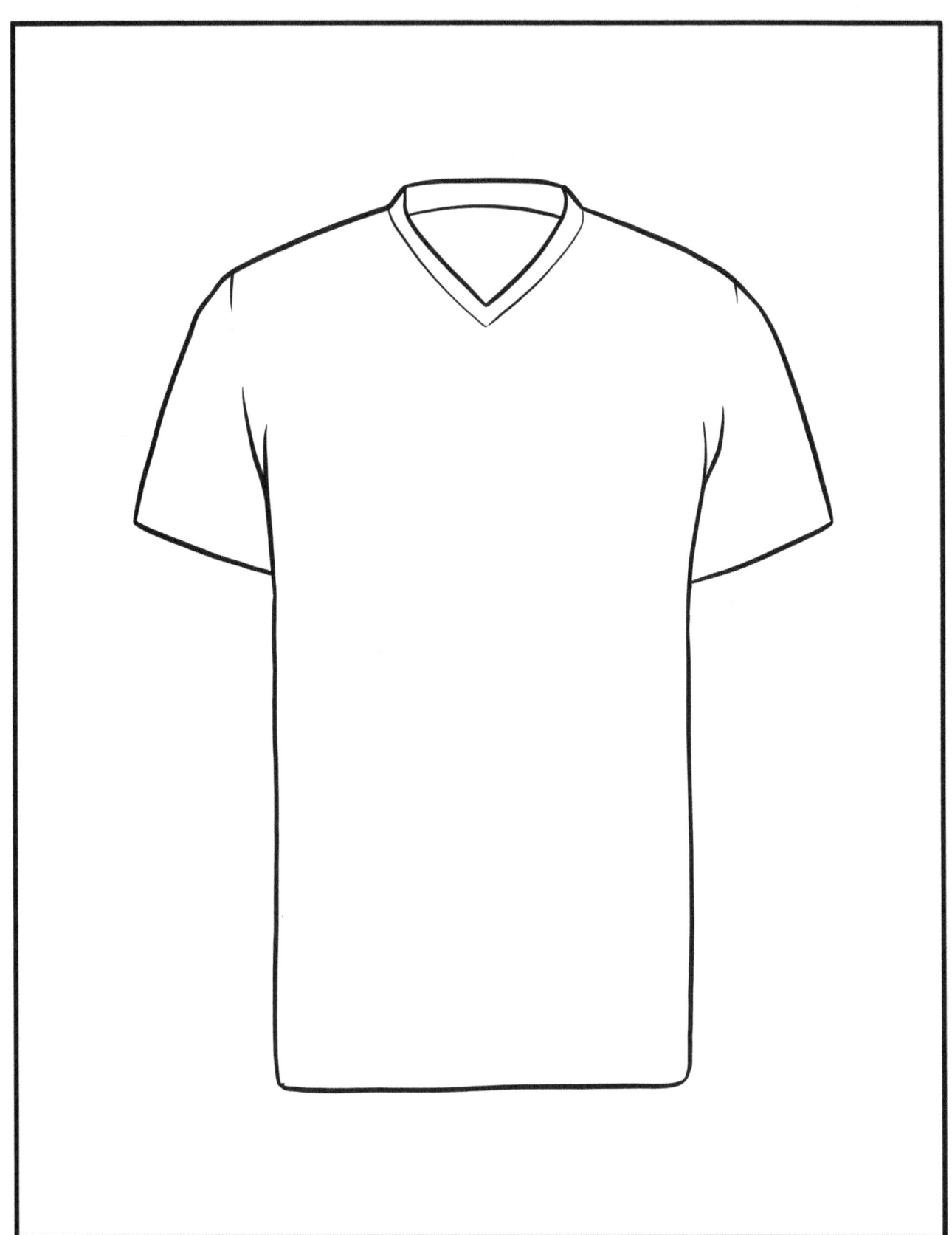

DATE:

___/___/_____

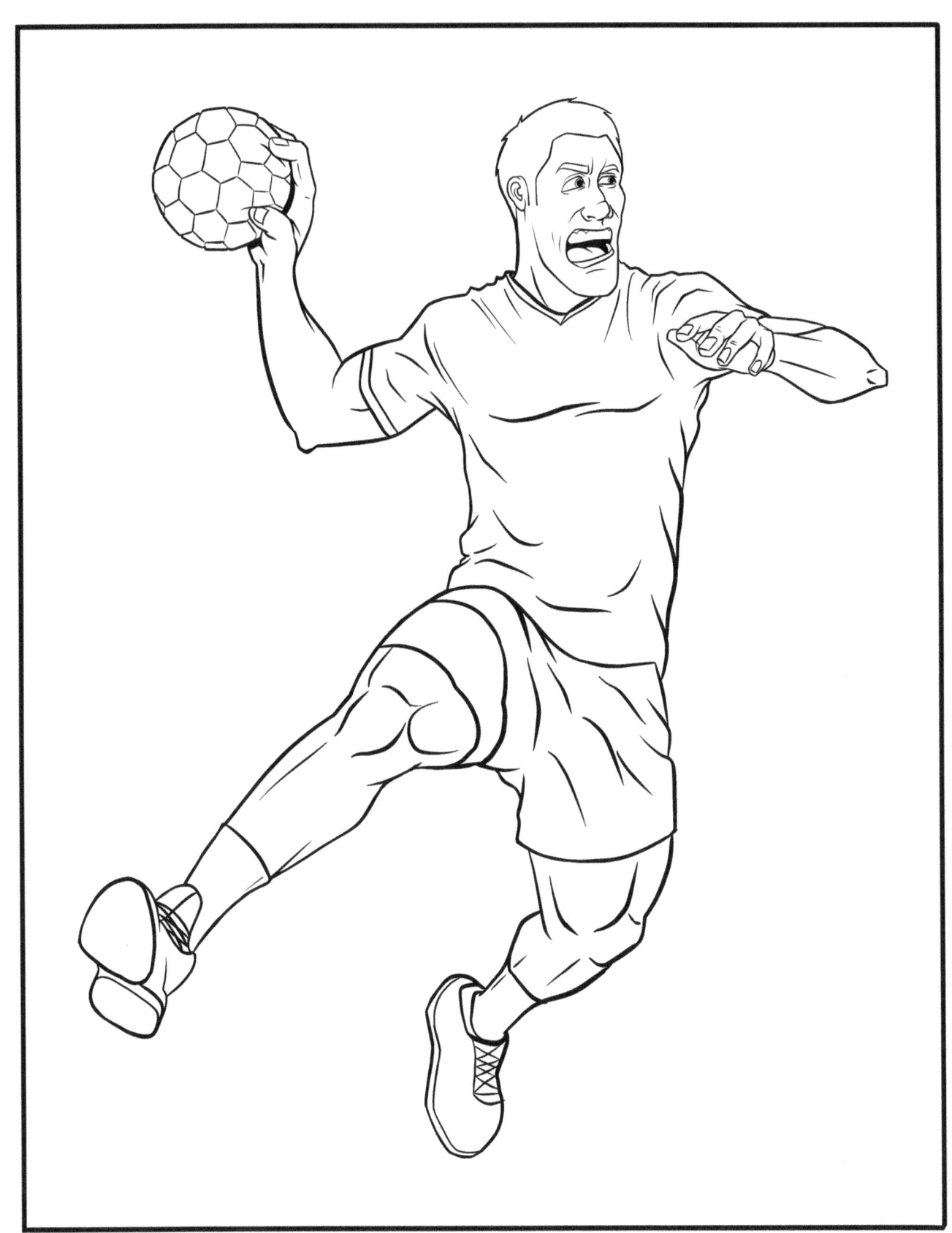

DATE:
___/___/_____

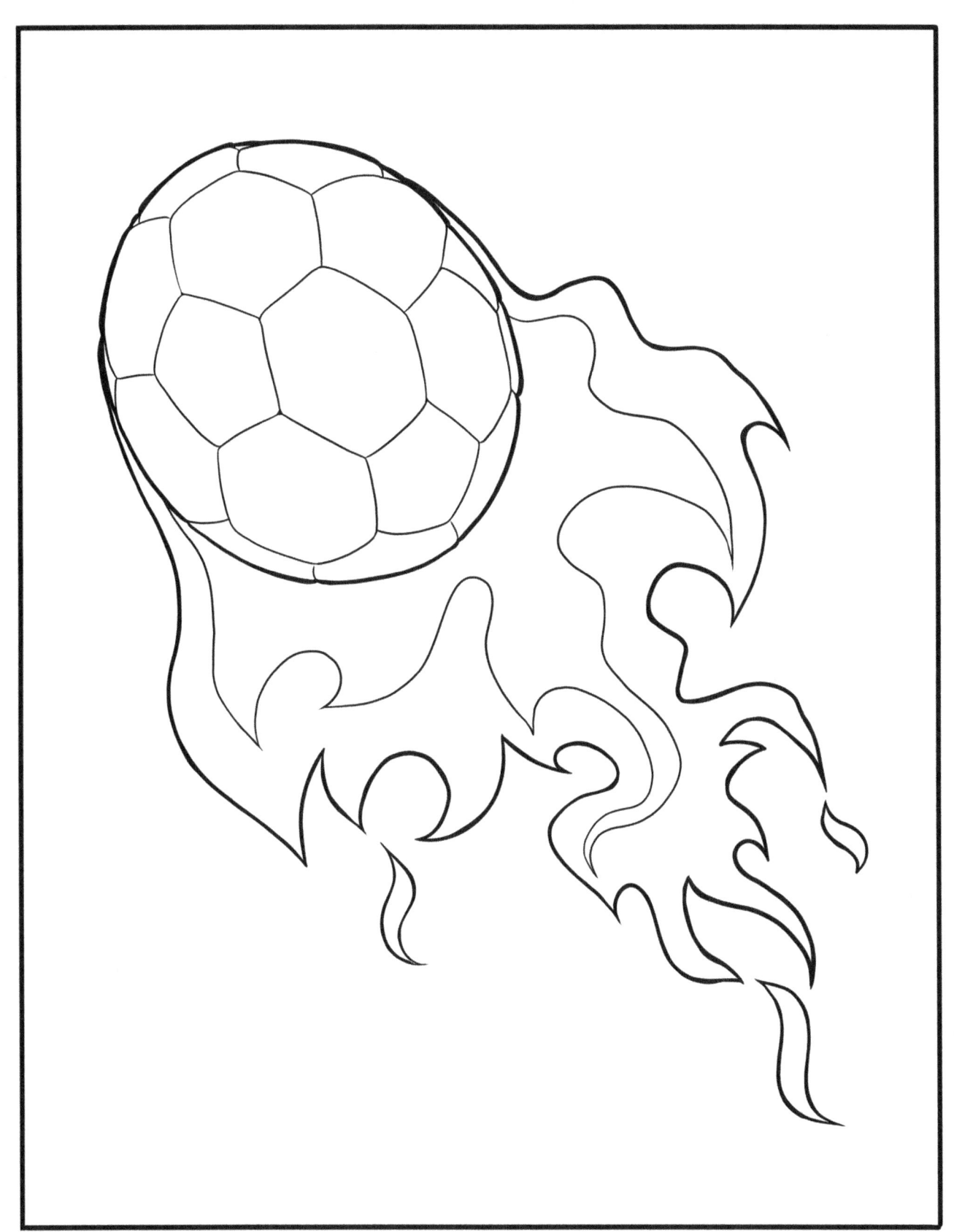

DATE:

___/___/_____

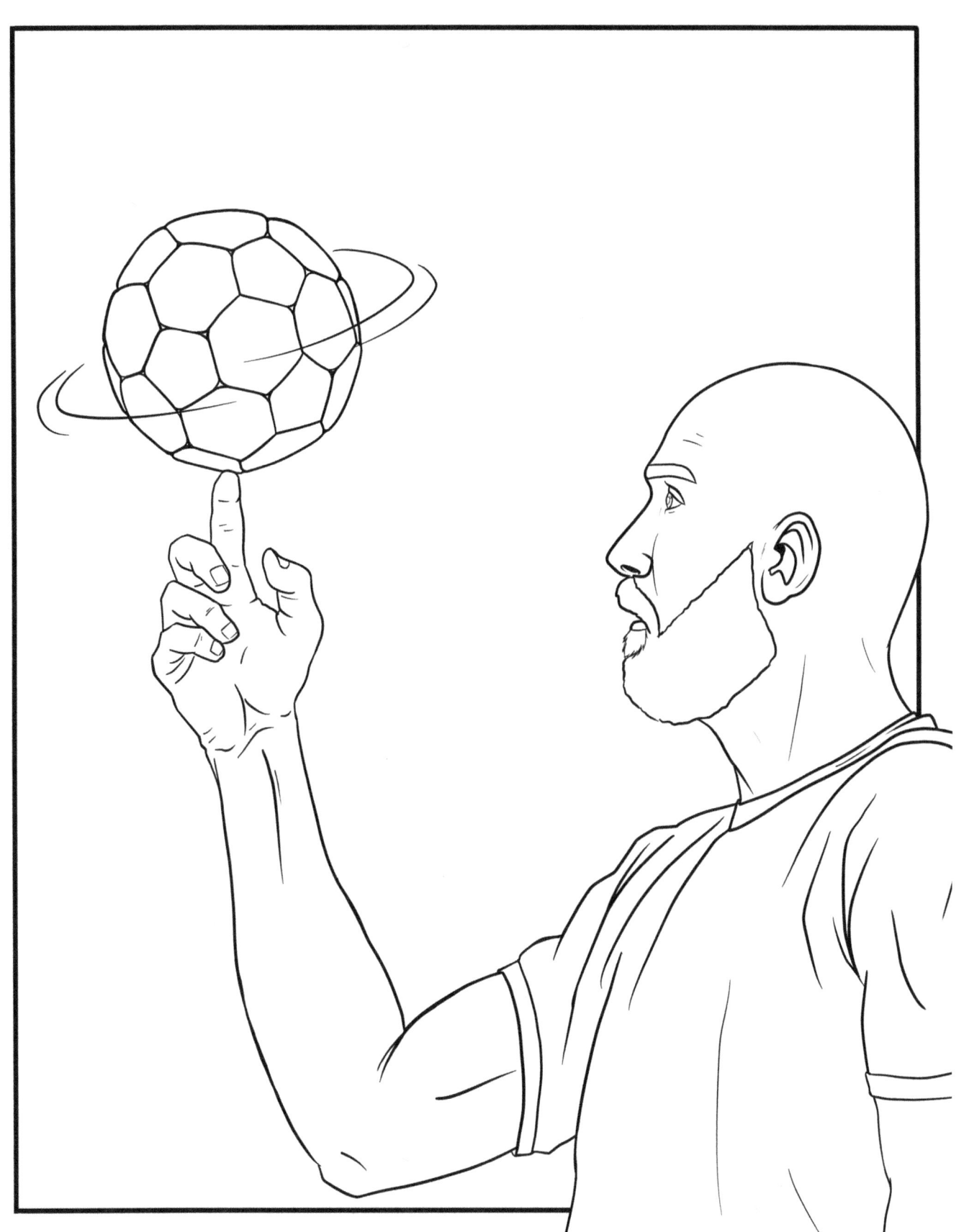

DATE:
___/___/_____

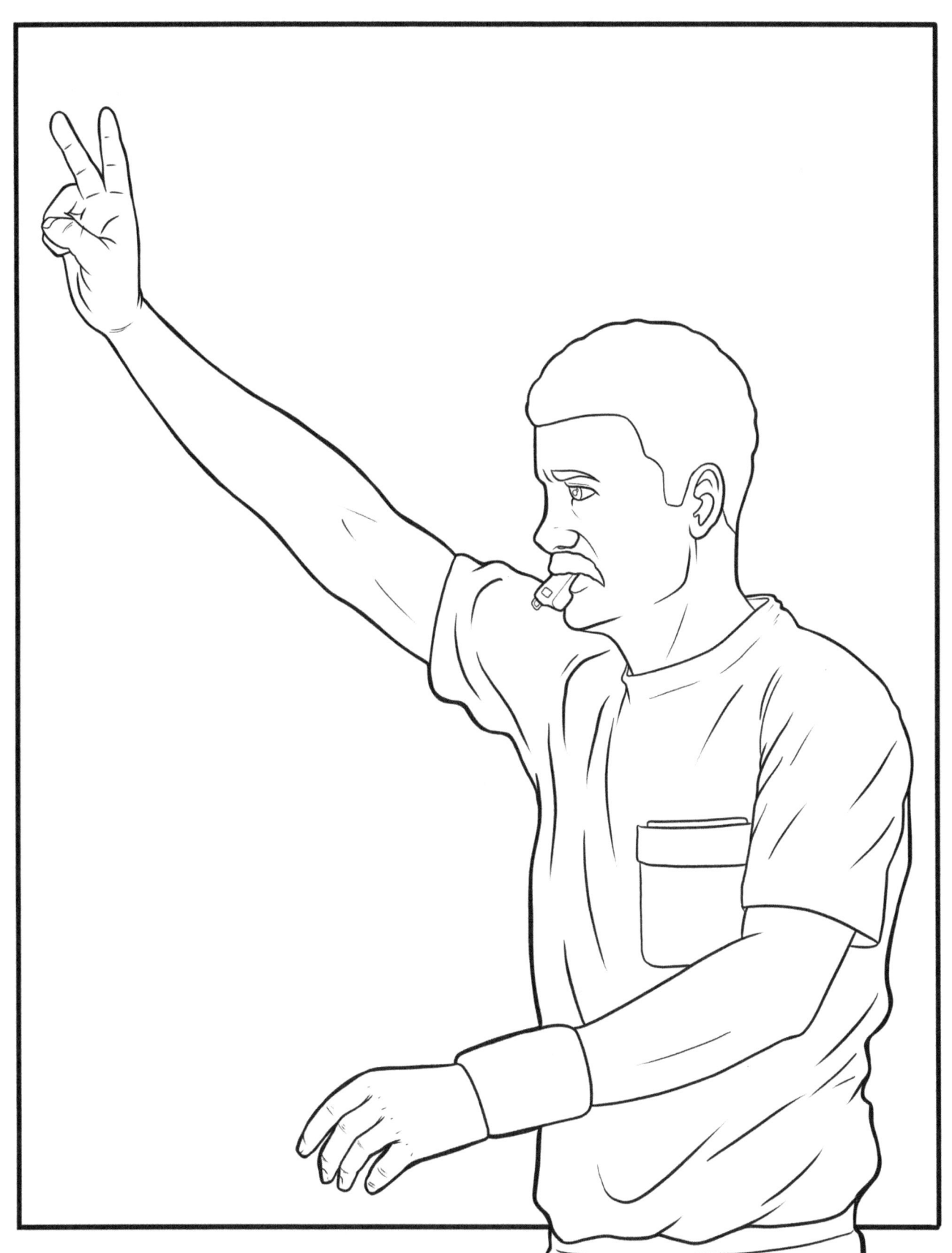

DATE:
___/___/_____

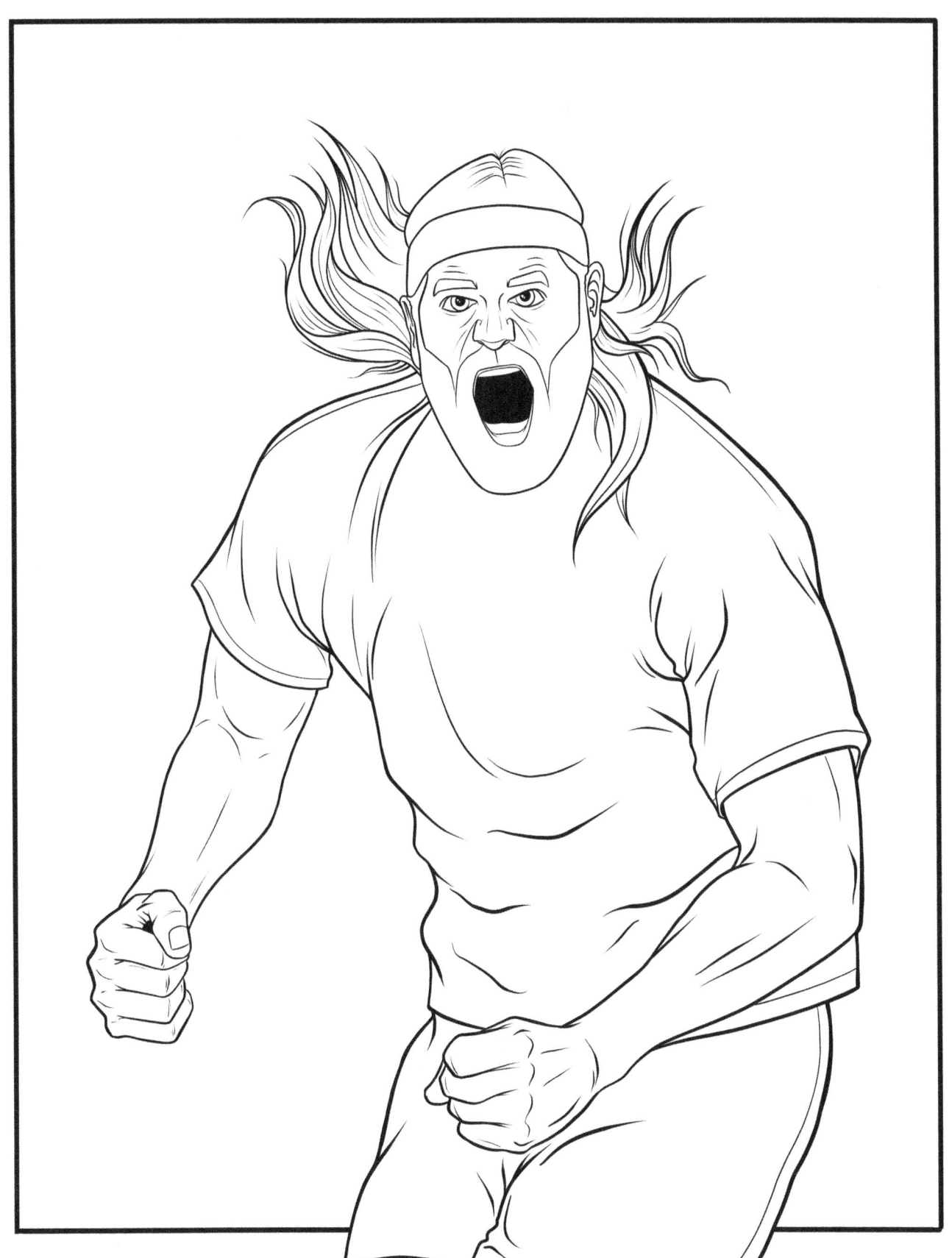

DATE:
___/___/_____

www.ingramcontent.com/pod-product-compliance
Lightning Source LLC
Chambersburg PA
CBHW060008230526
45472CB00008B/1998